AF205427

Impressum
Verlag: BABADADA GmbH, Nedderfeld 112 , 22529 Hamburg
Geschäftsführer / Verlagsleitung: Harald Hof
Druck: Books on Demand GmbH, In de Tarpen 42, 22848 Norderstedt

Imprint
Publisher: BABADADA GmbH, Nedderfeld 112 , 22529 Hamburg, Germany
Managing Director / Publishing direction: Harald Hof
Print: Books on Demand GmbH, In de Tarpen 42, 22848 Norderstedt, Germany

学校

School

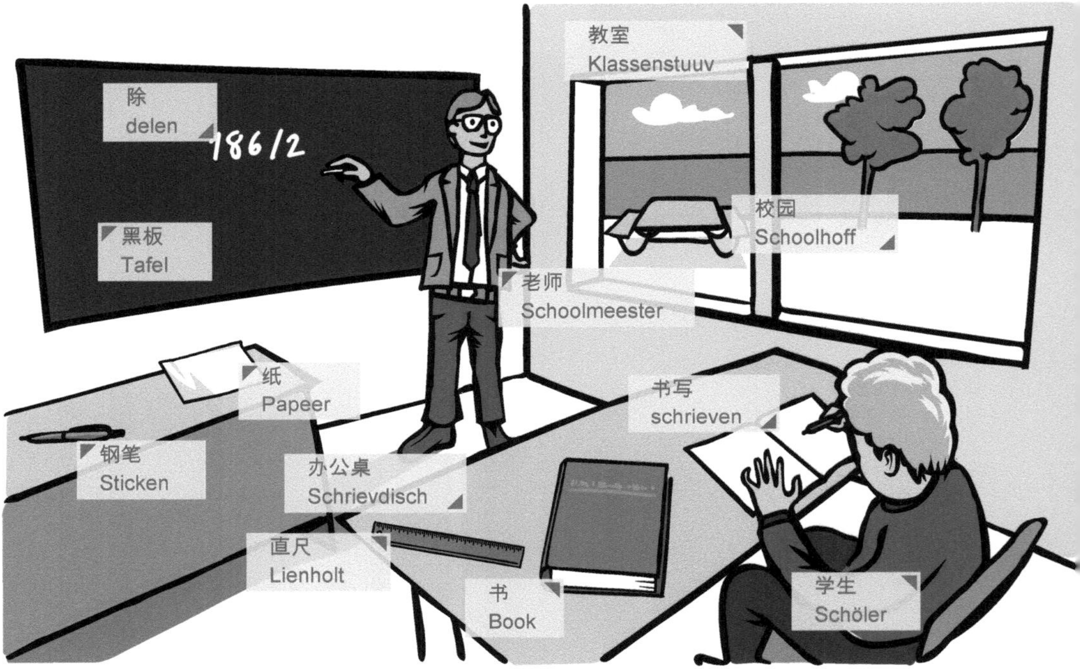

教室
Klassenstuuv
除
delen
186/2
黑板
Tafel
校园
Schoolhoff
老师
Schoolmeester
纸
Papeer
书写
schrieven
钢笔
Sticken
办公桌
Schrievdisch
直尺
Lienholt
书
Book
学生
Schöler

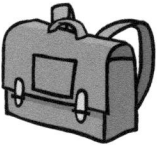

书包

Ranzel

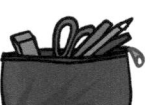

铅笔盒

Feddermapp

铅笔

Bleesticken

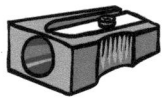

卷笔刀

Scharpmaker

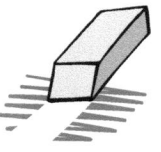

橡皮擦

Radeergummi

画板

Tekenblock

图画
Teken

画笔
Pinsel

颜料盒
Malkassen

剪刀
Scheer

胶水
Klever

练习册
Heft to'n Öven

家庭作业
Huusopgaav

12

数字
Tall

2+2

加
tohooptellen

5-2

减
aftrecken

2×2

乘
malnehmen

计算
reken

A

字母
Bookstaav

ABCDEFG
HIJKLMN
OPQRSTU
VWXYZ

字母表
ABC

hello

字
Woort

课文
Text

读
lesen

粉笔
Kried

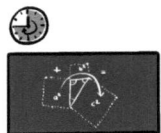

上课
Stunn

登记
Klassenbook

考试
Pröven

证书
Tüügnis

校服
Schooluniform

教育
Utbillen

百科全书
Nakieksel

大学
Universität

显微镜
Mikroskop

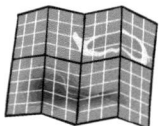

地图
Koort

废纸篓
Papeerkorf

酒店
Hotel

Grand

青年旅社
Harbarg

ROOMS

外币兑换处
Wesselstuuv

EXCHANGE

手提箱
Kuffer

汽车
Auto

语言
Spraak

是/否
jo / ne

好的
Jo

您好
Moin

翻译员
Översetter

谢谢
Dank ok

……多少钱？

Wat kost...?

我不明白

Ik verstah nich

问题

Problem

晚上好！

Goden Avend

早上好！

Moin!

晚安！

Gode Nacht!

再见

Tschüüs

方向

Richt

行李

Bagaasch

包

Tasch

双肩包

Rüchsack

客人

Gast

房间

Stuuv

睡袋

Slaapsack

帐篷

Telt

旅游信息

Touristeninformatschoon

海滩

Strand

信用卡

Kreditkoort

早餐

Fröhstück

午餐

Meddageten

晚餐

Avendeten

票

Fohrkort

电梯

Fohrstohl

邮票

Breefmark

边界

Grenz

海关

Toll

大使馆

Bottschop

签证

Visum

护照

Pass

Transport

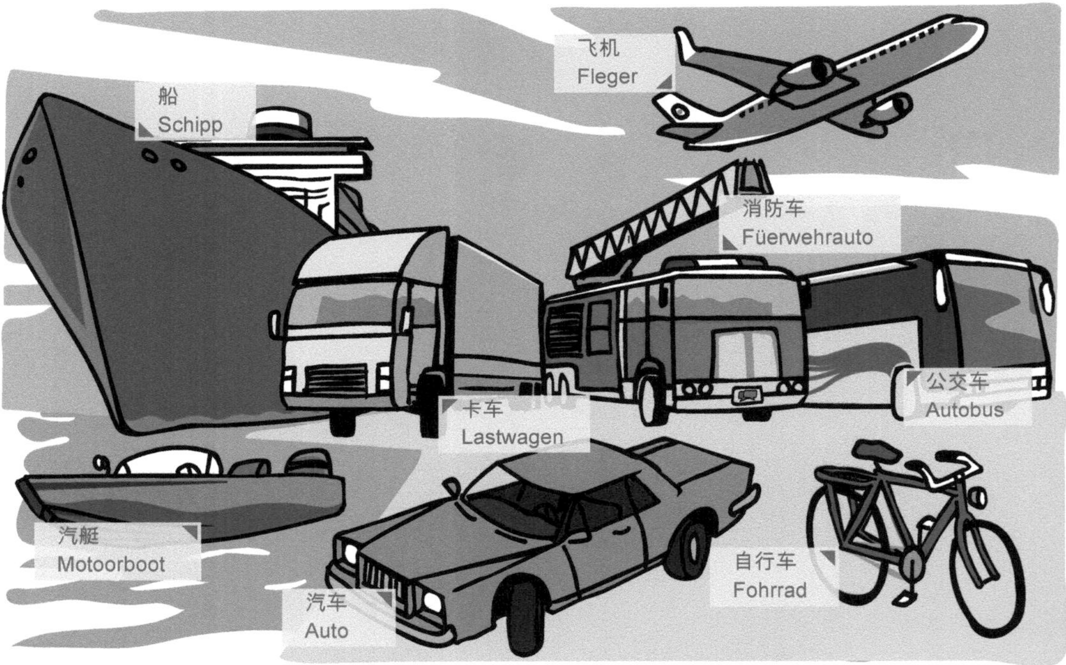
飞机
Fleger
船
Schipp
消防车
Füerwehrauto
公交车
Autobus
卡车
Lastwagen
汽艇
Motoorboot
自行车
Fohrrad
汽车
Auto

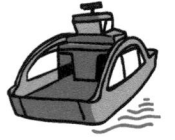

摆渡船

Fähr

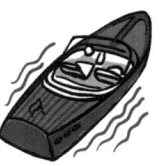

小船

Boot

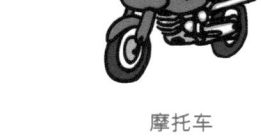

摩托车

Motoorrad

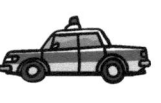

警车

Polizeiauto

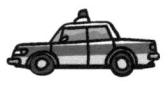

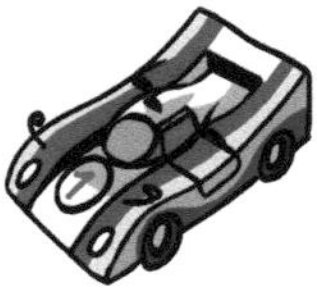

赛车

Rönnauto

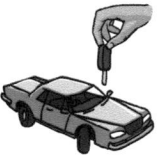

租车

Lehnwagen

拼车
Carsharing

拖车
Afsleepwagen

垃圾车
Müllauto

发动机
Motoor

汽油
Kraftstoff

加油站
Tanksteed

交通标志
Verkehrsschild

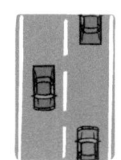

交通
Verkehr

交通堵塞
Stau

停车场
Afstellplatz

火车站
Bahnhoff

轨道
Sporen

火车
Tog

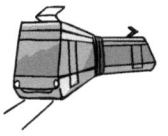

电车
Stratenbahn

货车
Wagon

直升机
Dwarsmöhl

机场
Flooghaven

塔
Tower

乘客
Fohrgast

集装箱
Grootkist

纸板箱
Karton

手推车
Koor

篮子
Korf

起飞/降落
starten / lannen

城市
Stadt

村庄
Dörp

市中心
Binnenstadt

房子
Huus

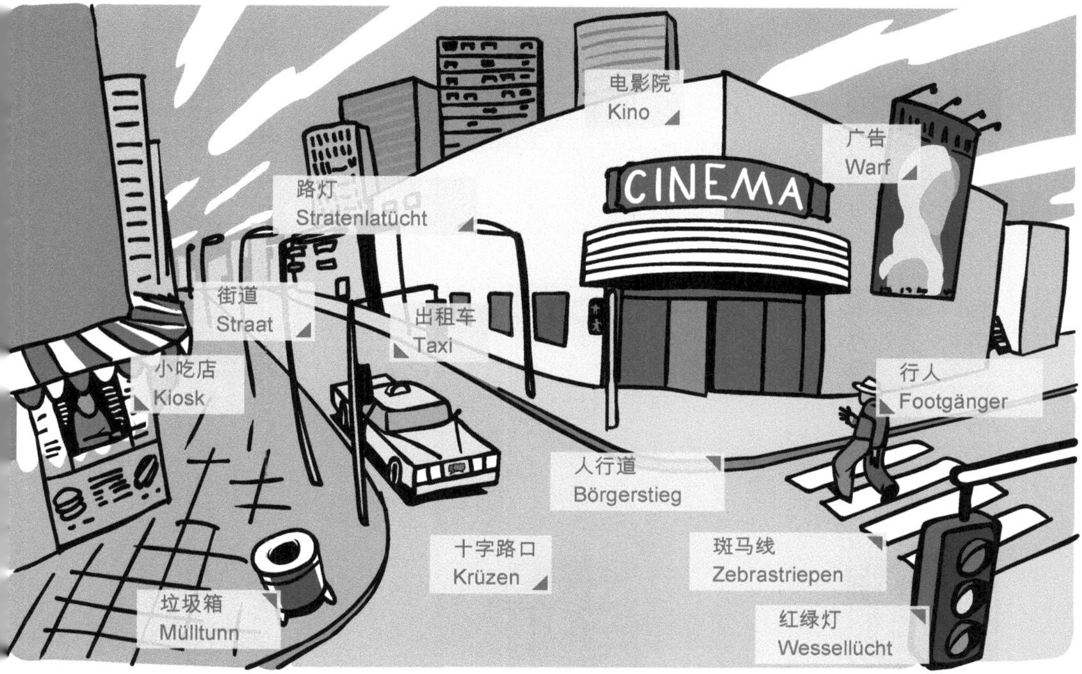

电影院
Kino
广告
Warf
CINEMA
路灯
Stratenlatücht
街道
Straat
出租车
Taxi
小吃店
Kiosk
行人
Footgänger
人行道
Börgerstieg
十字路口
Krüzen
斑马线
Zebrastriepen
垃圾箱
Mülltunn
红绿灯
Wessellücht

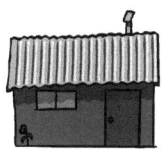

小屋

Hütt

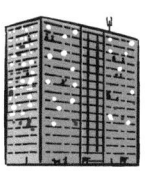

公寓

Wahnung

火车站

Bahnhoff

市政厅

Raathuus

MUSEUM

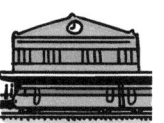

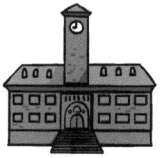

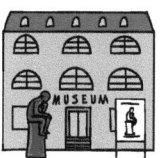

博物馆

Museum

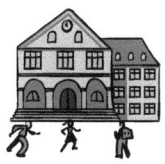

学校

School

大学

Universität

银行

Bank

医院

Krankenhuus

酒店

Hotel

药房

Afteek

办公室

Büro

书店

Bookhökerie

商店

Hökerie

花店

Blomenhökerie

超市

Supermarkt

市场

Markt

百货商店

Koophuus

鱼店

Fischhökerie

购物中心

Inkoopszentrum

海港

Haven

公园

Parkanlaag

长凳

Bank

桥

Brüch

楼梯

Trepp

地铁

Ünnergrundbahn

隧道

Tunnel

公交车站

Busstoppsteed

酒吧

Bar

餐馆

Spieslokal

邮筒

Breefkassen

路标

Stratenschild

停车计时器

Parkklock

动物园

Deertenpark

游泳馆

Baadanstalt

清真寺

Moschee

农场

Buernhoff

污染

Ümweltversmudden

墓地

Karkhoff

教堂

Kark

操场

Speelplatz

寺庙

Tempel

地形
Landschop

树叶
Blatt

指示牌
Wiespahl

路
Weg

草地
Wisch

石头
Steen

树
Boom

徒步旅行者
Wannerer

河
Fluss

草
Gras

花
Bloom

峡谷
Daal

山
Barg

湖
See

森林
Holt

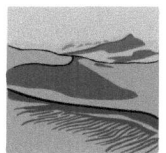

沙漠
Wööst

火山
Füerspien Barg

城堡
Slott

彩虹
Regenbagen

蘑菇
Poggenstohl

棕榈树
Palm

蚊子
Steekmück

苍蝇
Fleeg

蚂蚁
Miegeemk

蜜蜂
Imm

蜘蛛
Spinn

甲虫

Sebber

青蛙

Pogg

松鼠

Katteker

刺猬

Swienegel

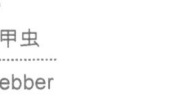

野兔

Haas

猫头鹰

Uul

鸟

Vagel

天鹅

Swaan

野猪

Wildswien

鹿

Hirsch

麋鹿

Elk

水坝

Staudamm

风力发电机

Windrad

太阳能电池板

Solarmodul

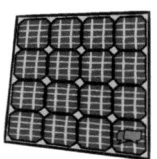

气候

Klima

餐馆
Spieslokal

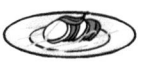

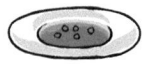

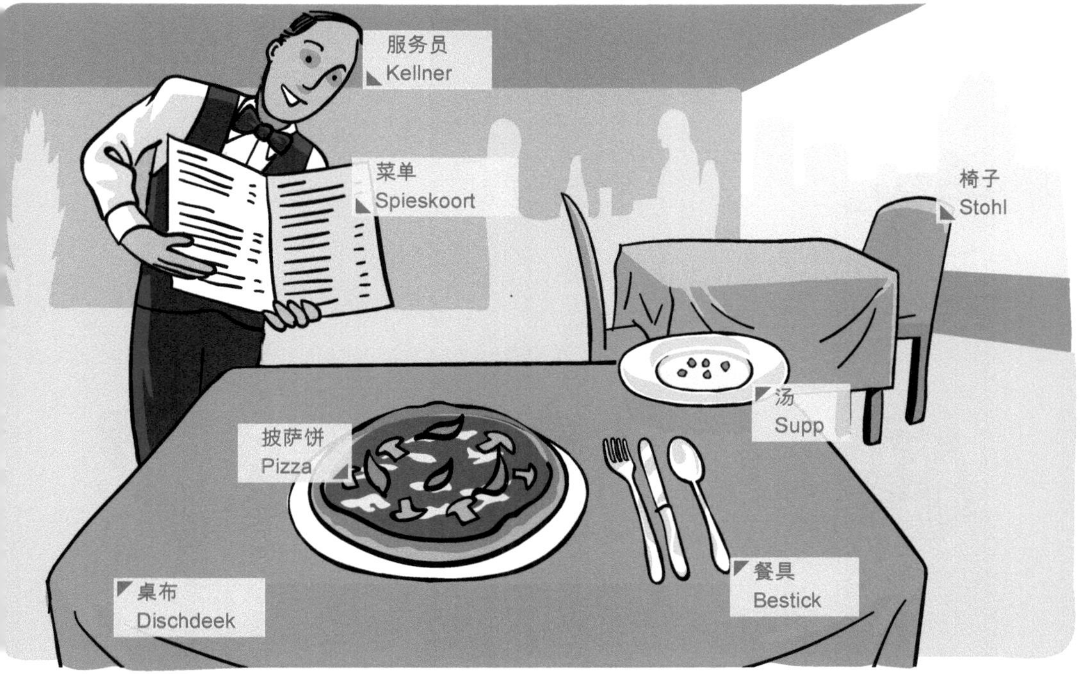
服务员
Kellner
菜单
Spieskoort
椅子
Stohl
汤
Supp
披萨饼
Pizza
餐具
Bestick
桌布
Dischdeek

前菜

Vörspies

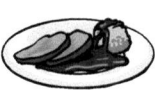

主菜

Haupteten

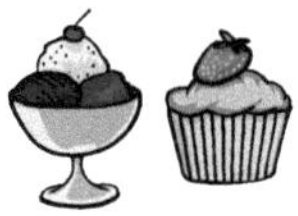

甜点

Nadisch

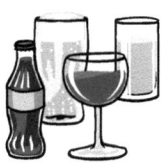

饮料

Drünk

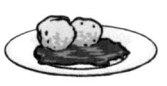

食物

Eten

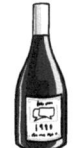

瓶子

Buddel

快餐

Fastfood

街边小吃

Strateneten

茶壶

Teekann

糖盒

Zuckerdoos

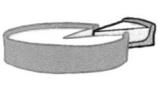

一份饭菜

Portschoon

意式咖啡机

Espressomaschien

高脚椅

Hoochstohl

账单

Reken

托盘

Tablett

刀

Mess

餐叉

Gavel

勺子

Lepel

茶匙

Teelepel

餐巾

Munddook

玻璃杯

Glas

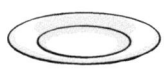

碟子
Töller

汤盘
Suppentöller

碟子
Ünnertass

酱
Sooß

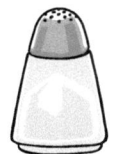

盐瓶
Soltstreuer

胡椒磨
Pepermöhl

醋
Etig

食用油
Ööl

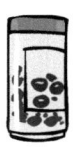

调味料
Krüder

番茄酱
Ketchup

芥末
Mostrich

蛋黄酱
Mayonnaise

超市

Supermarkt

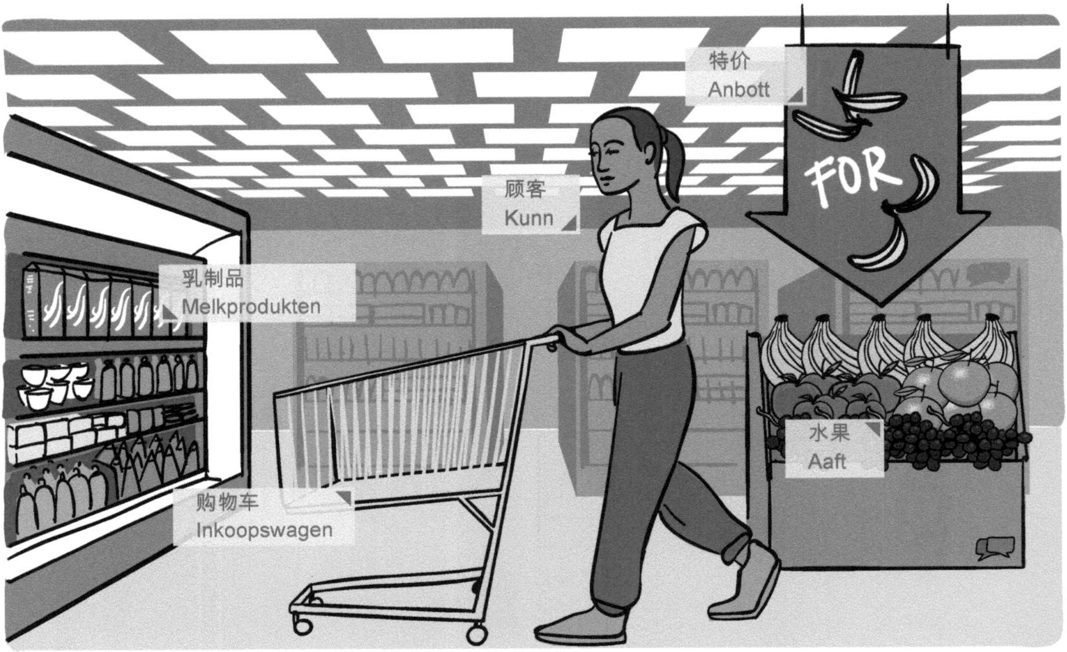

特价
Anbott
FOR
顾客
Kunn
乳制品
Melkprodukten
水果
Aaft
购物车
Inkoopswagen

BUTCHERS

肉铺

Slachterie

BAKERY

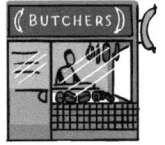

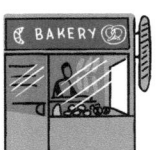

面包房

Bäckerie

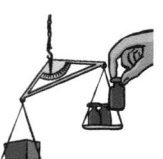

称重

wegen

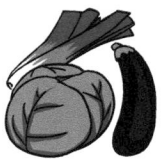

蔬菜

Gröönsaken

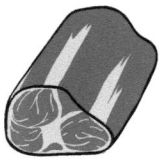

肉

Fleesch

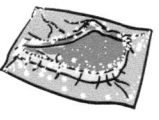

冷冻食品

Deepköhlkost

冷盘

Opsnitt

罐头食品

Konserven

洗衣粉

Waschmiddel

甜食

Snoopkraam

日用品

Huushooltssaken

清洁用品

Reinmaaktüüch

销售员

Verköpersche

收银机

Kass

收银员

Kasserer

购物清单

Inkoopslist

开放时间

Opsparrtieden

钱包

Breeftasch

信用卡

Kreditkoort

袋子

Tasch

塑料袋

Plastiktüüt

水

Water

果汁

Saft

牛奶

Melk

可乐

Cola

红酒

Wien

啤酒

Beer

酒

Spriet

可可

Kakao

茶

Tee

咖啡

Koffie

意式浓缩咖啡

Espresso

卡布奇诺

Cappucino

香蕉

Banaan

苹果

Appel

橙子

Appelsien

西瓜

Meloon

柠檬

Zitroon

胡萝卜

Wöttel

大蒜

Knuuvlook

竹子

Bambus

洋葱

Zibbel

蘑菇

Poggenstohl

坚果

Nööt

面条

Nudeln

意大利面条

Spaghetti

米饭

Ries

沙拉

Salat

薯条

Pommes frites

炸土豆

Braadkantüffeln

披萨饼

Pizza

汉堡包

Hamborger

三明治

Sandwich

炸猪排

Snitzel

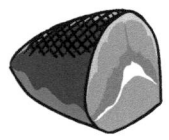

火腿

Schinken

萨拉米

Salami

香肠

Wust

鸡肉

Hohn

烤肉

Braden

鱼

Fisch

燕麦片
Haverflocken

穆兹利
Müsli

玉米片
Cornflakes

面粉
Mehl

羊角面包
Croissant

面包卷
Rundstück

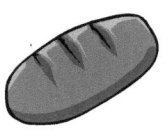

面包
Broot

烤面包
Toast

饼干
Keksen

黄油
Botter

凝乳
Quark

蛋糕
Koken

蛋
Ei

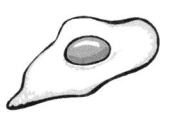

煎蛋
Spegelei

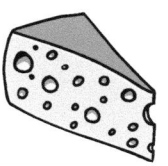

奶酪
Kees

冰激凌

Ies

糖

Zucker

蜂蜜

Honnig

果酱

Marmelaad

巧克力酱

Nougat-Creme

咖喱饭

Curry

农场
Buernhoff

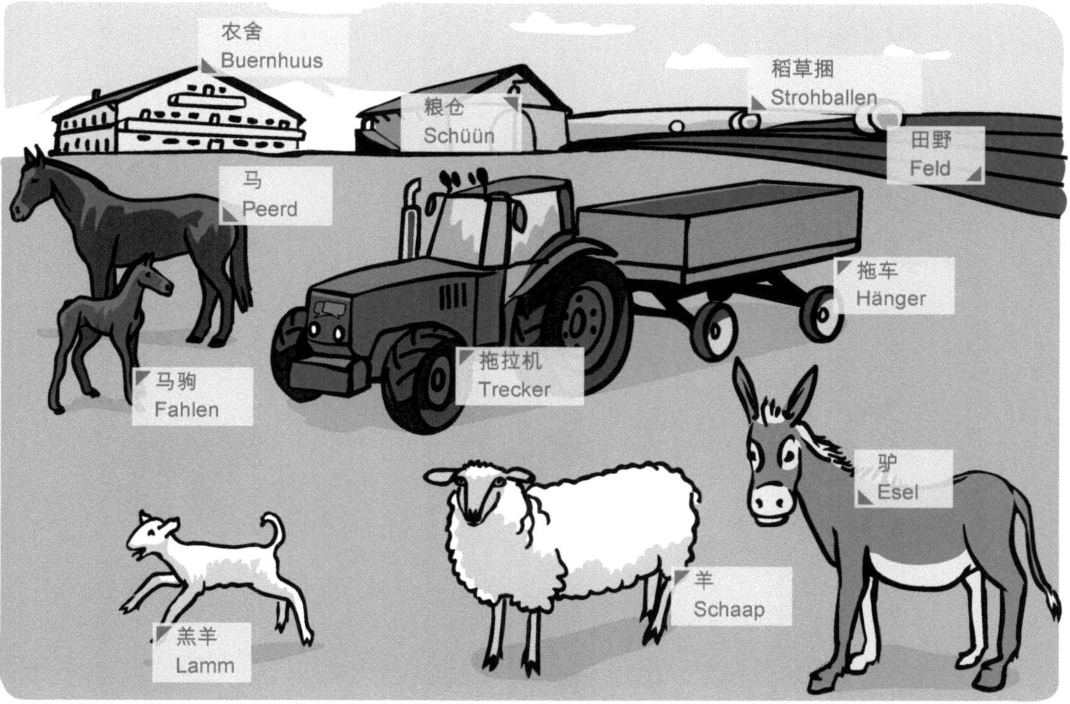

农舍
Buernhuus
粮仓
Schüün
稻草捆
Strohballen
田野
Feld
马
Peerd
拖车
Hänger
拖拉机
Trecker
马驹
Fahlen
驴
Esel
羊
Schaap
羔羊
Lamm

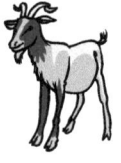

山羊

Zeeg

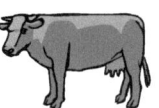

奶牛

Koh

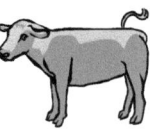

牛犊

Kalf

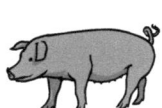

猪

Swien

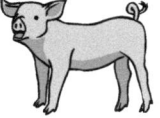

小猪

Farken

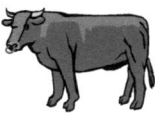

公牛

Bull

鹅
Goos

鸭
Aant

小鸡
Küken

母鸡
Hohn

公鸡
Hahn

鼠
Rott

猫
Katt

老鼠
Muus

牛
Oss

狗
Hund

狗屋
Hunnenhütt

花园浇水软管
Goornslauch

洒水壶
Geetkann

长柄大镰刀
Lee

犁
Ploog

镰刀
Sich

锄头
Hack

长柄草耙
Mestfork

斧头
Ext

独轮手推车
Schuufkoor

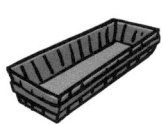

饲料槽
Trog

牛奶罐
Melkkann

麻布袋
Sack

栅栏
Tuun

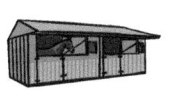

马厩
Stall

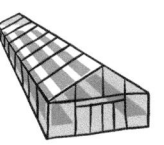

温室
Drievhuus

土壤
Bodden

种子
Saat

肥料
Dünger

联合收割机
Meihdöscher

收割

oornen

收割

Oorn

山药

Yamswöttel

小麦

Weten

大豆

Soja

土豆

Kantüffel

玉米

Törksche Weten

油菜籽

Rapp

果树

Aaftboom

树薯

Troopsch Kantüffel

谷物

Koorn

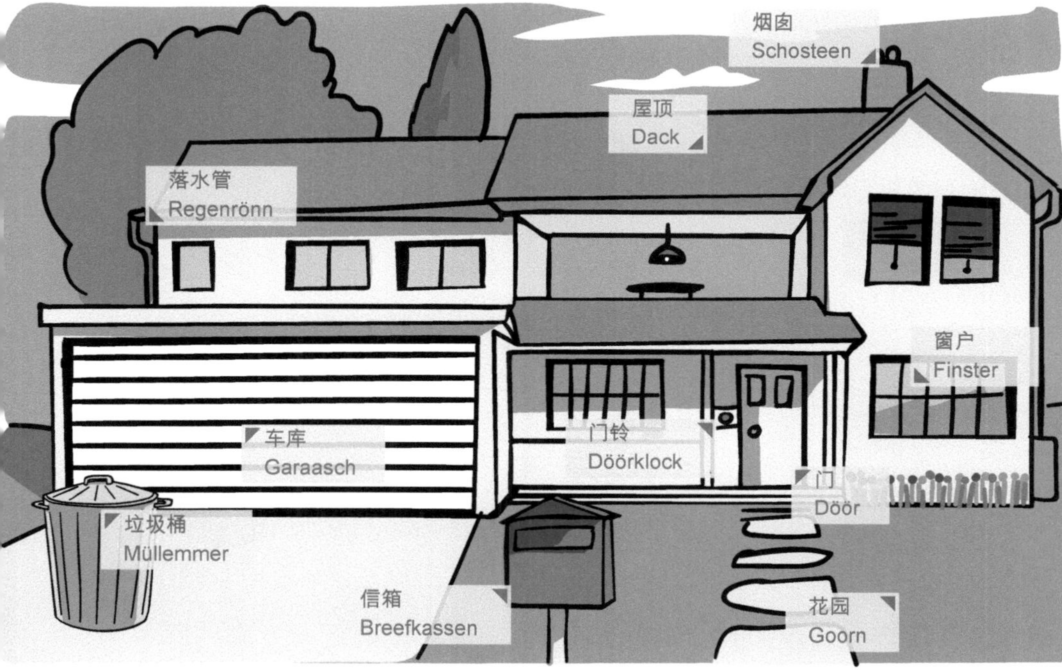

烟囱
Schosteen

屋顶
Dack

落水管
Regenrönn

窗户
Finster

车库
Garaasch

门铃
Döörklock

门
Döör

垃圾桶
Müllemmer

信箱
Breefkassen

花园
Goorn

客厅
Wahnstuuv

浴室
Baadstuuv

厨房
Köök

卧室
Slaapstuuv

儿童房
Kinnerstuuv

餐厅
Eetstuuv

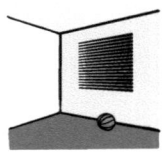

地板
Footbodden

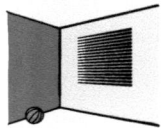

墙壁
Wand

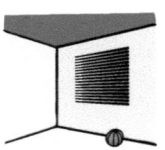

吊顶
Deek

地窖
Keller

桑拿
Hittluftbad

阳台
Balkon

露台
Terrass

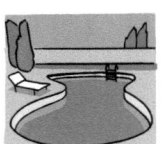

游泳池
Swümmbad

割草机
Rasenmeiher

被单
Bettbetog

床罩
Bettdeek

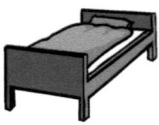

床
Puuch

扫帚
Bessen

水桶
Emmer

开关
Schalter

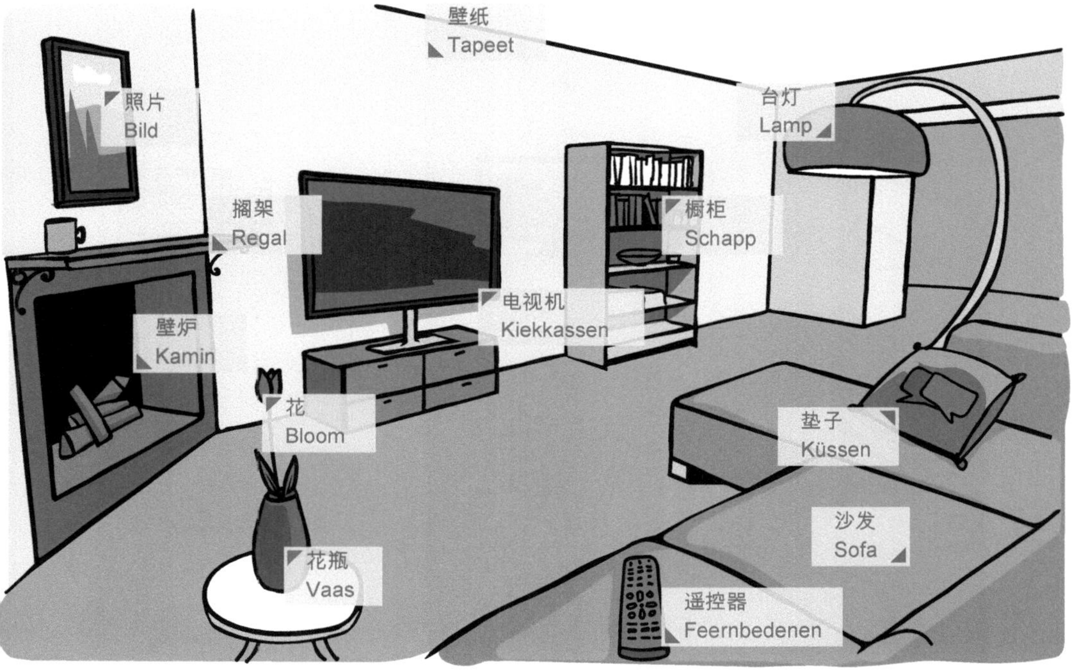

壁纸
Tapeet

照片
Bild

台灯
Lamp

搁架
Regal

橱柜
Schapp

电视机
Kiekkassen

壁炉
Kamin

花
Bloom

垫子
Küssen

沙发
Sofa

花瓶
Vaas

遥控器
Feernbedenen

地毯
Teppich

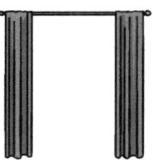

窗帘
Vörhang

餐桌
Disch

椅子
Stohl

摇椅
Schuckelstohl

扶手椅
Sessel

书
Book

毯子
Deek

装饰品
Dekoratschoon

木柴
Füerholt

电影
Film

高保真音响
Stereoanlaag

钥匙
Slötel

报纸
Narichtenblatt

油画
Gemälde

海报
Poster

收音机
Radio

笔记本
Opschrievblock

吸尘器
Huulbessen

仙人掌
Kaktus

蜡烛
Kars

厨房

Köök

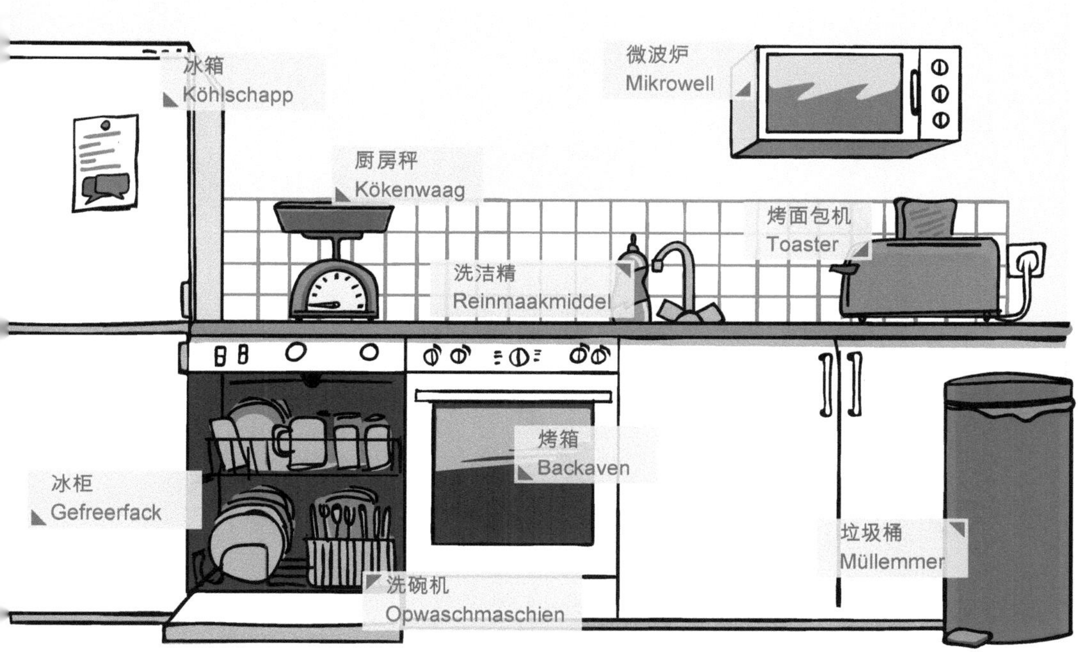

冰箱
Köhlschapp
微波炉
Mikrowell
厨房秤
Kökenwaag
烤面包机
Toaster
洗洁精
Reinmaakmiddel
烤箱
Backaven
冰柜
Gefreerfack
垃圾桶
Müllemmer
洗碗机
Opwaschmaschien

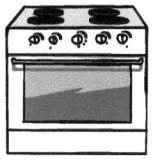

炊具

Heerd

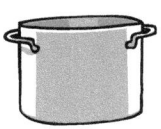

锅

Pott

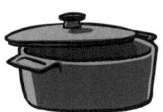

铸铁锅

Gussiesern Putt

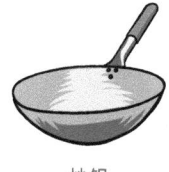

炒锅

Wok / Kadai

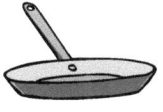

平底锅

Pann

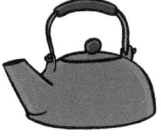

水壶

Waterkaker

蒸锅

Dampkaakputt

烤盘

Backblick

陶瓷锅

Geschirr

马克杯

Beker

碗

Schaal

筷子

Eetsticken

长柄勺

Suppenkell

铲子

Pannenwenner

搅拌器

Sneebessen

滤网

Kaakseef

筛子

Seef

磨碎机

Riev

研钵

Mörser

烧烤

Grill

明火

Füerstell

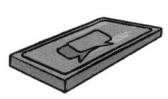

菜板

Sniedbrett

擀面杖

Nudelholt

开瓶器

Proppentrecker

罐子

Doos

开罐器

Dosenaapner

隔热手套

Pottlappen

水槽

Waschbecken

刷子

Böst

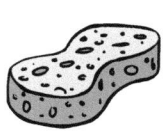

海绵

Swamm

搅拌机

Mixer

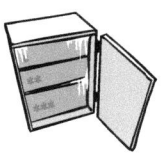

冷藏箱

lesschapp

奶瓶

Nuckelbuddel

水龙头

Waterhahn

浴室

Baadstuuv

供暖设备
Heizung
毛巾
Handdook
淋浴
Bruus
浴帘
Bruusvörhang
泡沫浴
Schuumbad
浴缸
Baadwann
洗衣机
Waschmaschien
玻璃杯
Glas
水龙头
Waterhahn
瓷砖
Fliesen
便壶
lütte Putt
水槽
Waschbecken

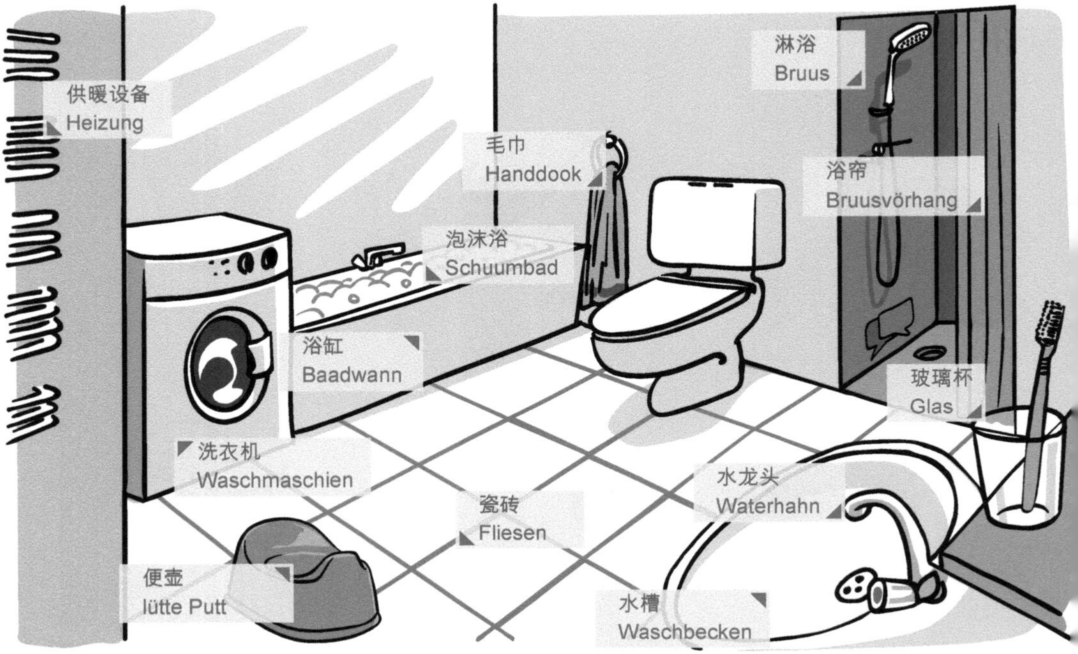

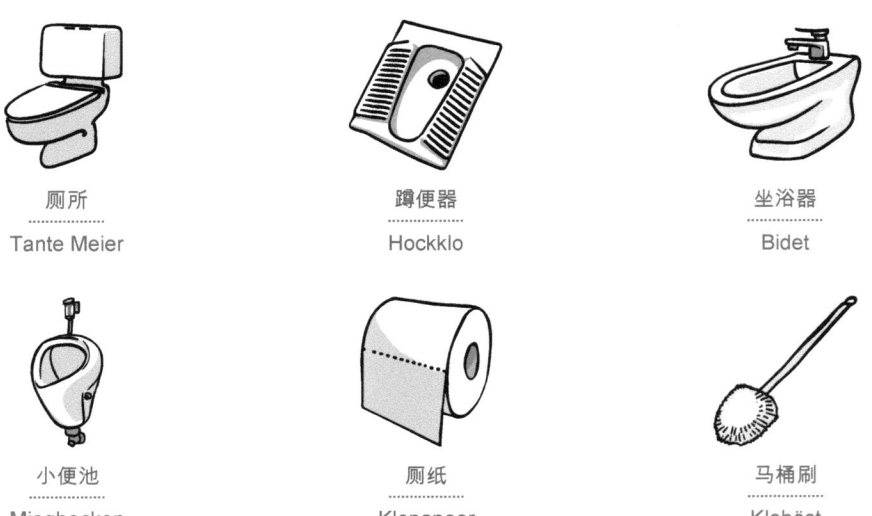

厕所

Tante Meier

蹲便器

Hockklo

坐浴器

Bidet

小便池

Miegbecken

厕纸

Klopapeer

马桶刷

Kloböst

牙刷
Tähnböst

牙膏
Tähnpast

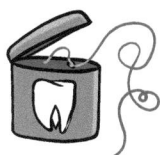

牙线
Tähnsied

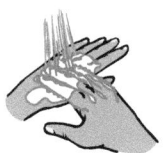

洗
waschen

手持式喷淋头
Handbruus

冲洗器
Intimbruus

洗脸盆
Waschschöttel

擦背刷
Rüchböst

肥皂
Seep

沐浴露
Bruusgeel

洗发水
Hoorwaschmiddel

法兰绒
Waschlappen

排水
Afloop

乳霜
Creme

除臭剂
Deodorant

镜子
Spegel

手镜
Kosmetikspegel

剃须刀
Raserer

剃须泡沫
Raseerschuum

须后水
Raseerwater

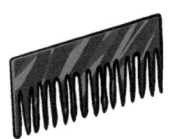

梳子
Kamm

刷子
Böst

吹风机
Hoordröger

喷发定型剂
Hoorspray

化妆品
Smink

唇膏
Lippensticken

指甲油
Nagellack

化妆棉
Watt

指甲剪
Nagelscheer

香水
Rüükwater

洗漱包
Kulturbüdel

凳子
Schemel

计重秤
Waag

浴袍
Baadmantel

橡胶手套
Gummihanschen

卫生棉条
Tampon

卫生巾
Damenbinn

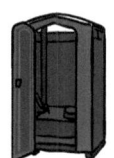

化学厕所
Chemieklo

儿童房
Kinnerstuuv

闹钟
Wecker
毛绒玩具
Knudeldeert
玩具车
Speeltüüchauto
拨浪鼓
Klöter
玩具屋
Poppenhuus
礼物
Geschenk

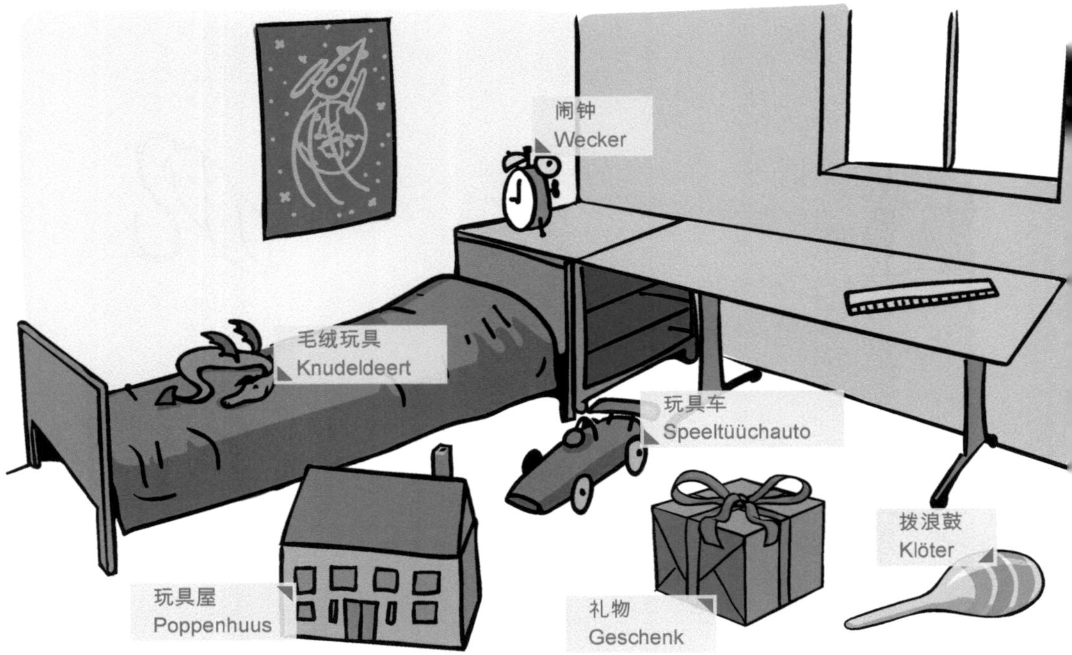

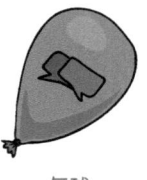

气球
Luftballon

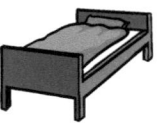

床
Puuch

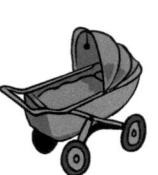

（洋娃娃用）婴儿车
Kinnerwagen

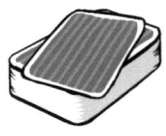

扑克牌
Koortenspeel

拼图
Puzzle

SUPER
MEGA

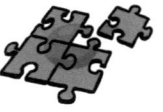

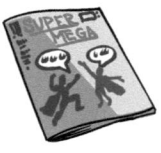

漫画
Billergeschicht

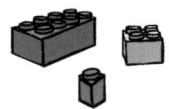

乐高积木

Legostenen

积木玩具

Bustenen

玩具人

Action-Figur

婴儿服

Strampelantog

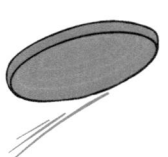

飞盘

Frisbeeschiev

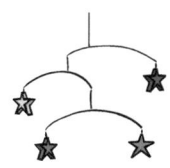

床铃玩具

Mobile

棋盘游戏

Brettspeel

骰子

Wörpel

火车模型

Modelliesenbahn

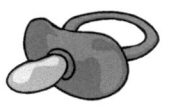

安抚奶嘴

Snuller

聚会

Party

绘本

Billerbook

球

Ball

洋娃娃

Popp

玩

spelen

沙坑

Sandkassen

秋千

Schuckel

玩具

Speeltüüch

游戏机

Speelkonsool

三轮车

Dreerad

泰迪熊

Teddyboor

衣柜

Klederschapp

衣服
Tüüch

袜子

Socken

长袜

Strümp

紧身裤

Strumpbüx

围巾
Halsdook

皮带
Liefreem

雨伞
Paraplü

T恤
T-Shirt

运动鞋
Turnschoh

靴子
Stevel

拖鞋
Puuschen

凉鞋
Sandalen

鞋
Schoh

雨靴
Gummistevel

内裤
Ünnerbüx

胸罩
Bostholler

背心
Ünnerhemd

身体
Lief

裤子
Büx

牛仔裤
Jeansnüx

短裙
Rock

女式衬衫
Bluus

衬衫
Hemd

套头衫
Pullover

卫衣
Kapuzenpullover

西装夹克
Blazer

夹克
Jack

外套
Mantel

雨衣
Övertrecker

套装
Kostüm

连衣裙
Kleed

婚纱
Hochtietskleed

西装
Antog

睡袍
Nachtkleed

睡衣
Slaapantog

莎丽
Sari

头巾
Koppdook

包头巾
Turban

波卡
Burka

卡夫坦
Kaftan

(阿拉伯式)长袍
Abaya

泳衣
Baadantog

男式泳裤
Baadbüx

短裤
Korte Büx

运动服
Antog to'n Öven

围裙
Schört

手套
Handschoh

纽扣

Knopp

眼镜

Brill

手链

Armband

项链

Halskeed

戒指

Ring

耳环

Ohrbummel

便帽

Mütz

衣架

Klederbögel

帽子

Hoot

领带

Binner

拉链

Rietslüter

头盔

Helm

背带

Drachtband

校服

Schooluniform

制服

Uniform

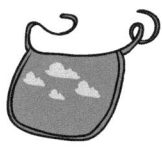

围兜

Severböten

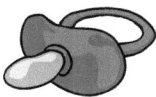

安抚奶嘴

Snuller

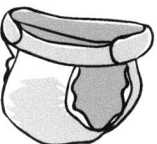

尿不湿

Winnel

办公室

Büro

服务器
Server
文件柜
Aktenschapp
打印机
Drucker
显示屏
Bildschirm
纸
Papeer
办公桌
Schrievdisch
鼠标
Muus
文件夹
Orner
键盘
Knoopboord
废纸篚
Papeerkorf
电脑
Computer
椅子
Stohl

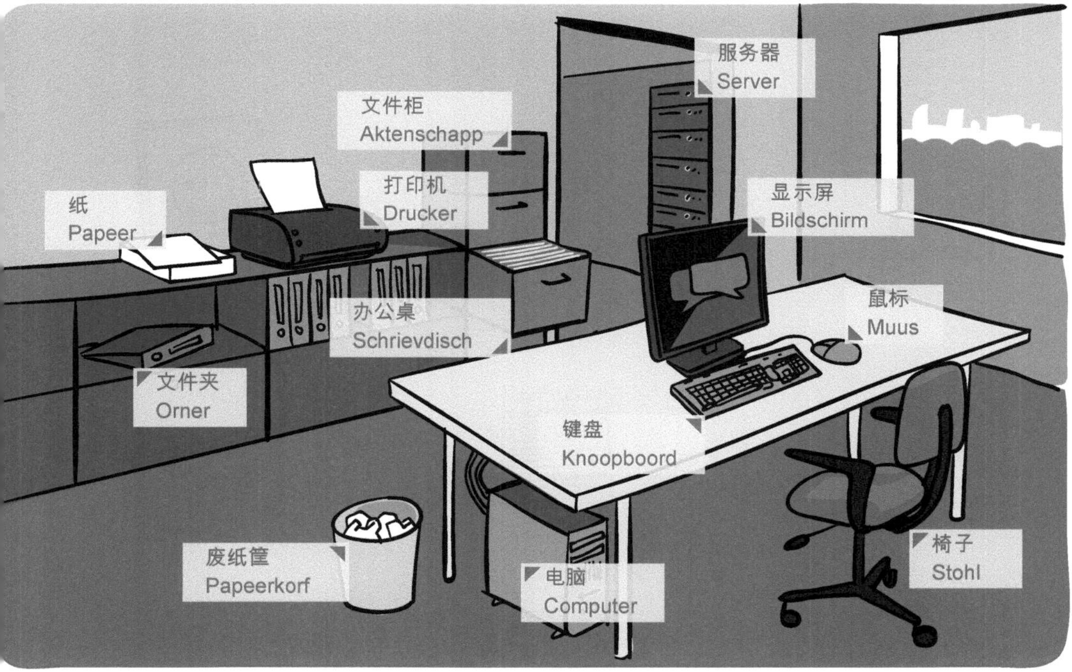

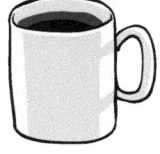

咖啡杯

Koffiebeker

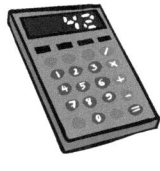

计算器

Taschenreekner

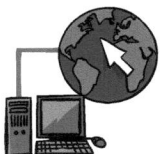

因特网

Internet

笔记本电脑
Klappreekner

信件
Breef

消息
Naricht

手机
Ackersnacker

网络
Nettwark

复印机
Kopeerapparat

软件
Software

电话
Klöönkassen

插座
Steekdoos

传真机
Faxapparat

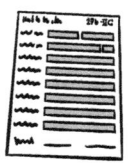

表格
Formulor

文件
Dokument

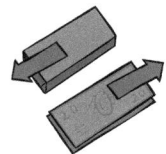

买
köpen

付钱
betahlen

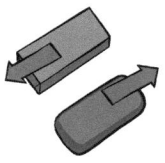

交易
hanneln

现金
Geld

美元
Dollar

欧元
Euro

日元
Yen

卢布
Ruvel

瑞士法郎
Swiezer Franken

人民币
Renminbi Yuan

卢比
Rupie

提款处
Geldautomat

外币兑换处
Wesselstuuv

金
Gold

银
Sülver

石油
Ööl

能源
Energie

价格
Pries

合同
Verdrag

税金
Stüer

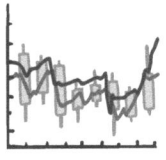

股票
Andeelschien

工作
arbeiden

职员
Anstellte

老板
Arbeitgever

工厂
Fabrik

商店
Hökerie

职业
Profeschonen

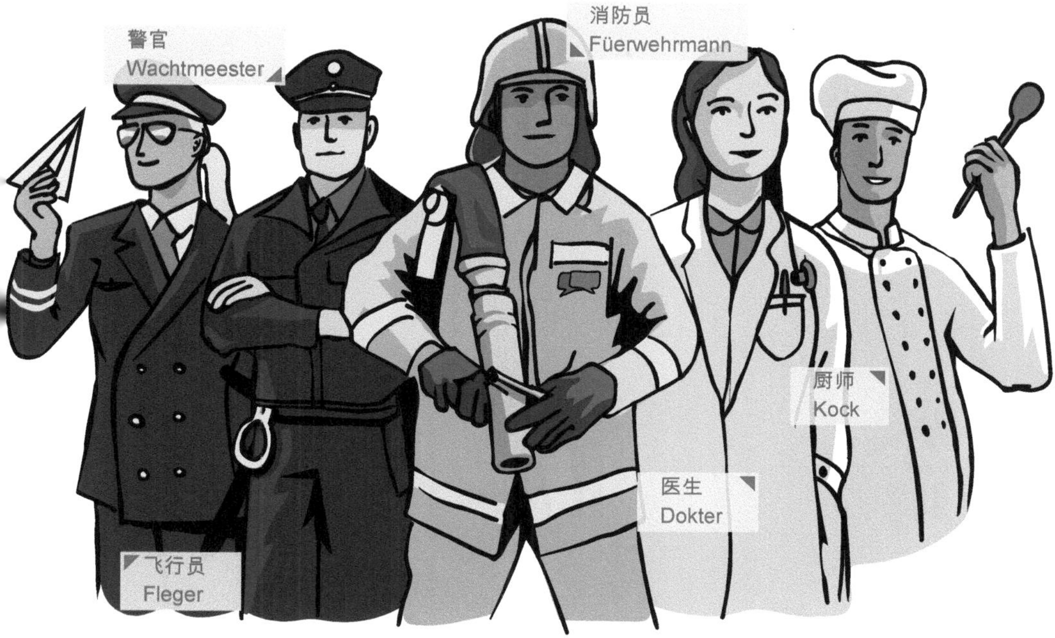

警官
Wachtmeester
消防员
Füerwehrmann
厨师
Kock
医生
Dokter
飞行员
Fleger

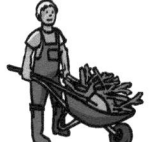

园丁

Goorner

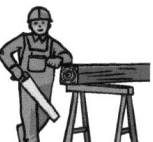

木匠

Discher

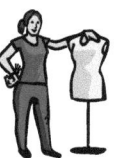

裁缝

Neihersche

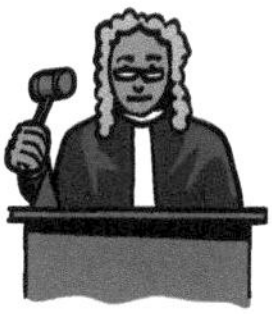

法官

Richter

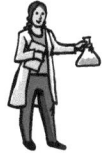

化学家

Chemiker

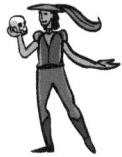

演员

Schauspeler

公交车司机

Busfohrer

出租车司机

Taxifohrer

渔夫

Fischer

清洁女工

Reinmaakfru

屋顶工

Dackdecker

服务员

Kellner

猎人

Jäger

画家

Maler

面包师

Bäcker

电工

Elektriker

建筑工人

Buarbeider

工程师

Ingenieur

屠夫

Slachter

水管工

Klempner

邮递员

Postbüdel

士兵

Suldat

建筑师

Architekt

收银员

Kasserer

花农

Florist

理发师

Putzbüdel

售票员

Schaffner

机械师

Mechaniker

船长

Kaptein

牙医

Tähndokter

科学家

Wetenschopler

拉比

Rabbi

伊玛目

Imam

和尚

Mönk

牧师

Paap

工具
Warktüüch

铁锤
Hamer
钳子
Tang
螺丝刀
Schruvendreiher
扳手
Schruvenslötel
手电筒
Taschenlamp

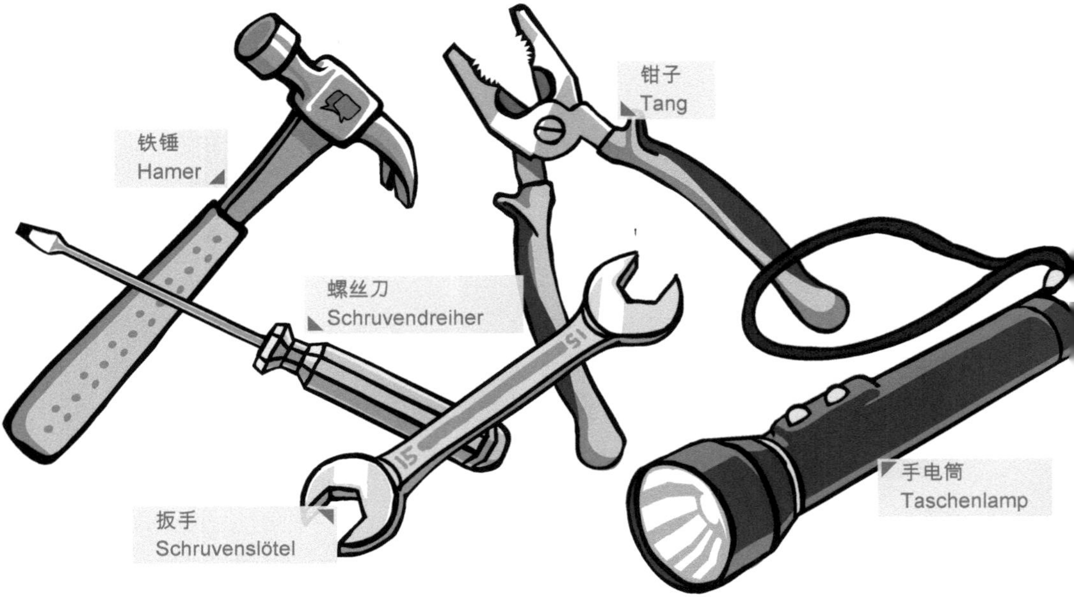

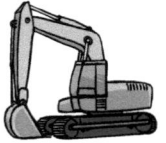

挖掘机

Grieper

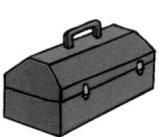

工具箱

Warktüüchkassen

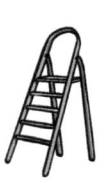

梯子

Ledder

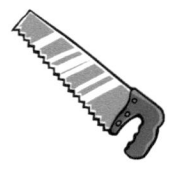

锯子

Saag

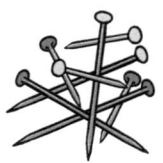

钉子

Nagels

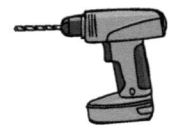

钻机

Bohrer

修
heelmaken

铲子
Schüffel

靠！
Schiet!

簸箕
Kehrblick

油漆桶
Farvpott

螺丝
Schruven

乐器

Musikinstrumenten

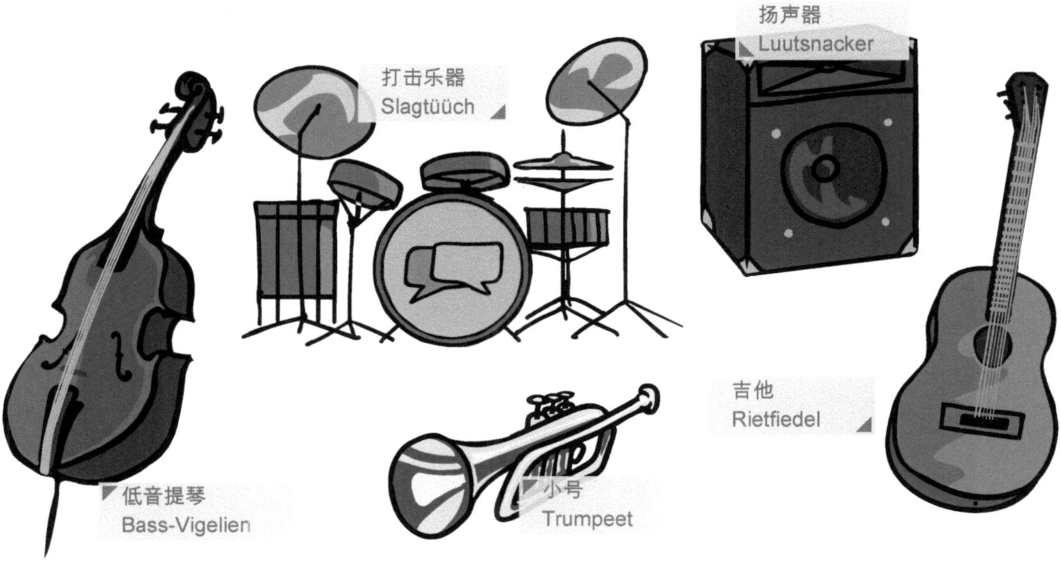

打击乐器
Slagtüüch

扬声器
Luutsnacker

吉他
Rietfiedel

低音提琴
Bass-Vigelien

小号
Trumpeet

钢琴

Klaveer

小提琴

Vigelien

贝斯

Bass

定音鼓

Pauk

鼓

Trummeln

电子琴

Keyboard

萨克斯管

Saxophon

长笛

Fleut

麦克风

Mikrofoon

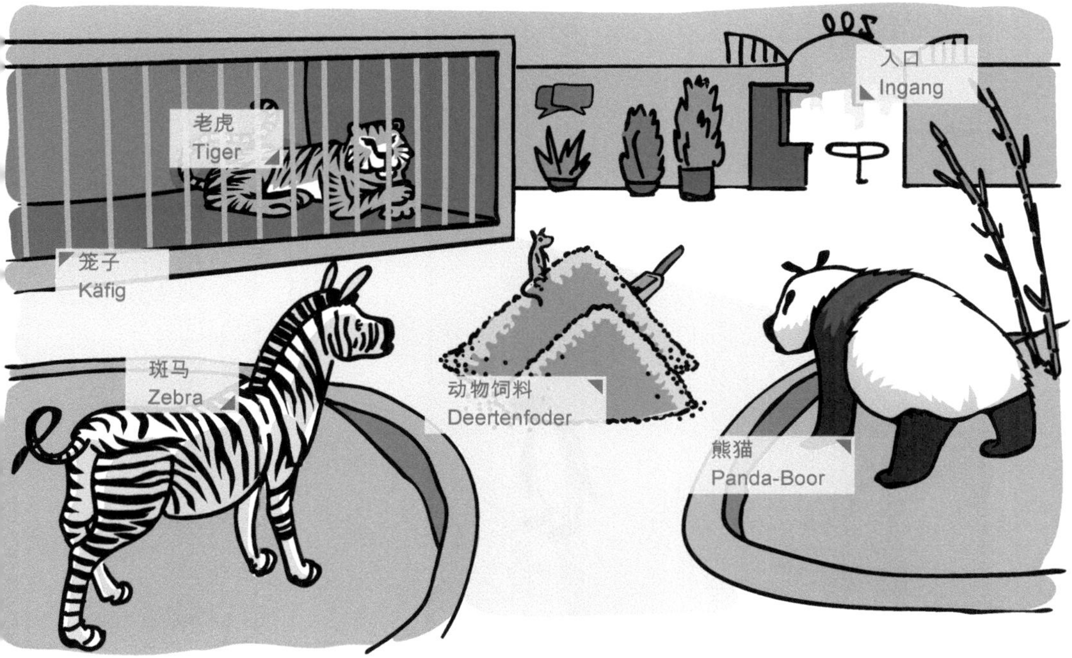
zoo
入口
Ingang
老虎
Tiger
笼子
Käfig
斑马
Zebra
动物饲料
Deertenfoder
熊猫
Panda-Boor

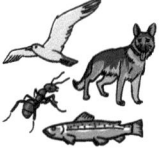

动物

Deerten

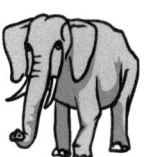

大象

Elefant

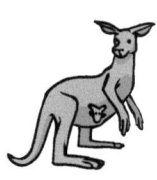

袋鼠

Känguru

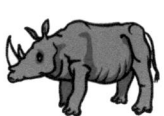

犀牛

Neeshoorn

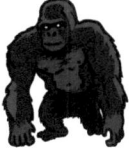

大猩猩

Gorilla

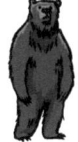

熊

Boor

骆驼

Kameel

鸵鸟

Struuß

狮子

Lööv

猴子

Aap

火烈鸟

Flamingo

鹦鹉

Papagoi

北极熊

Iesboor

企鹅

Pinguin

鲨鱼

Haifisch

孔雀

Pageluun

蛇

Slang

鳄鱼

Krokodil

动物园管理员

Oppasser in'n Deertenpark

海豹

Saalhund

美洲豹

Jaguor

矮种马

Pony

豹

Leopard

河马

Nilpeerd

长颈鹿

Giraff

老鹰

Aadler

野猪

Wildswien

鱼

Fisch

龟

Schildkrööt

海象

Walross

狐狸

Voss

羚羊

Gazell

橄榄球
Amerikaansch Football

骑自行车
Radfohren

网球
Tennis

篮球
Korfball

游泳
Swümmen

拳击
Boxen

冰球
Ieshockey

英式足球
Football

羽毛球
Fedderball

田径
Leichtathletik

手球
Handball

滑雪
Skilopen

马球
Polo

活动
Aktivitäten

跳
springen
拥抱
ümarmen
笑
lachen
走路
gahn
唱
singen
做梦
drömen
祈祷
beden
亲吻
snuteln

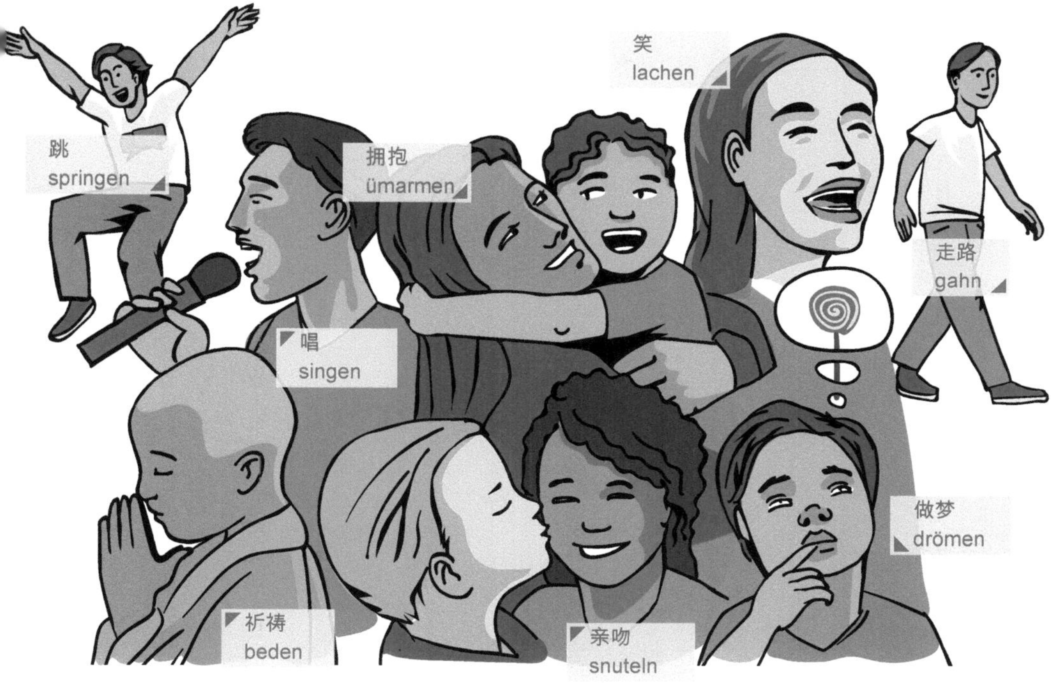

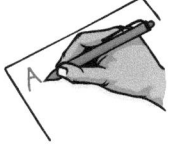

书写
schrieven

画
teken

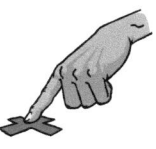

展示
wiesen

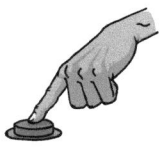

推
drücken

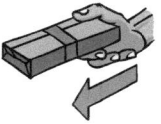

给
geven

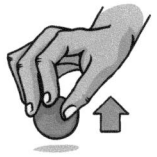

拿
nehmen

有
hebben

做
doon

当
sien

站
stahn

跑
lopen

拉
trecken

扔
smieten

摔倒
fallen

躺
liggen

等待
töven

携带
dregen

坐
sitten

穿衣
antrecken

睡觉
slapen

醒来
opwaken

看

ankieken

哭

wenen

抚摸

eien

梳头

kämmen

交谈

snacken

明白

verstahn

问

fragen

听

hören

喝

drinken

吃

eten

清理

oprümen

爱

leefhebben

做饭

kaken

开车

fohren

飞

flegen

航行

segeln

计算

reken

读

lesen

学习

lehren

工作

arbeiden

结婚

de Plünnen tohoopsmieten

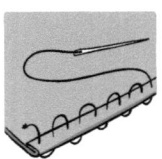

缝

neihen

刷牙

Tähnen putzen

杀

dootmaken

抽烟

smöken

寄

schicken

家
Familje

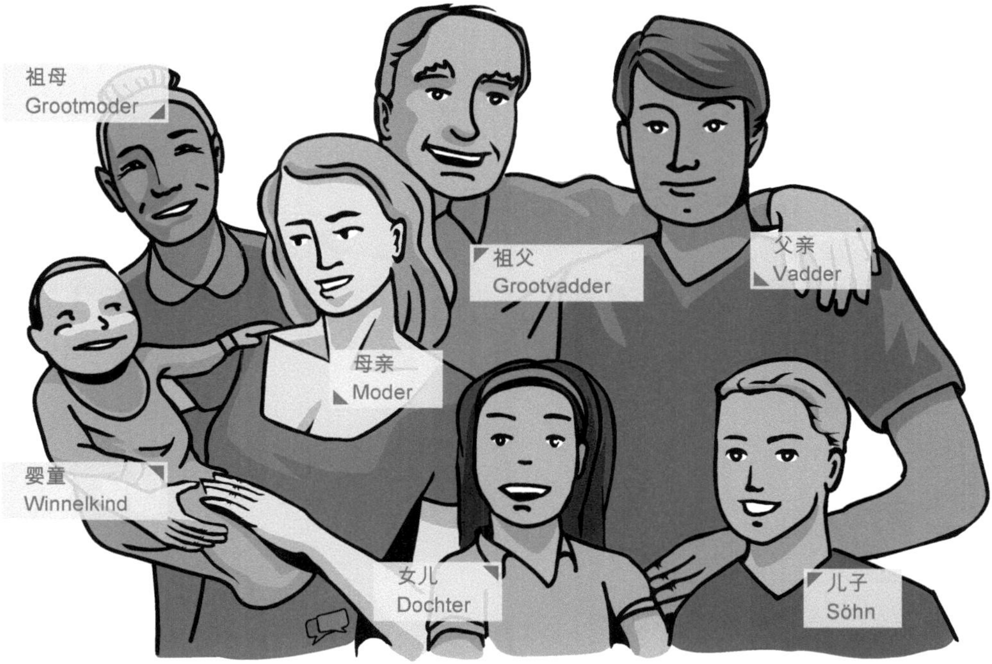

祖母
Grootmoder
祖父
Grootvadder
父亲
Vadder
母亲
Moder
婴童
Winnelkind
女儿
Dochter
儿子
Söhn

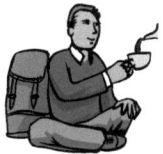

客人

Gast

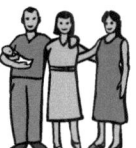

阿姨

Tant

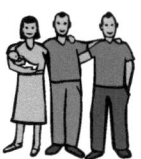

叔叔

Unkel

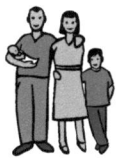

兄弟

Broder

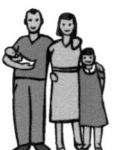

姐妹

Süster

身体

Lief

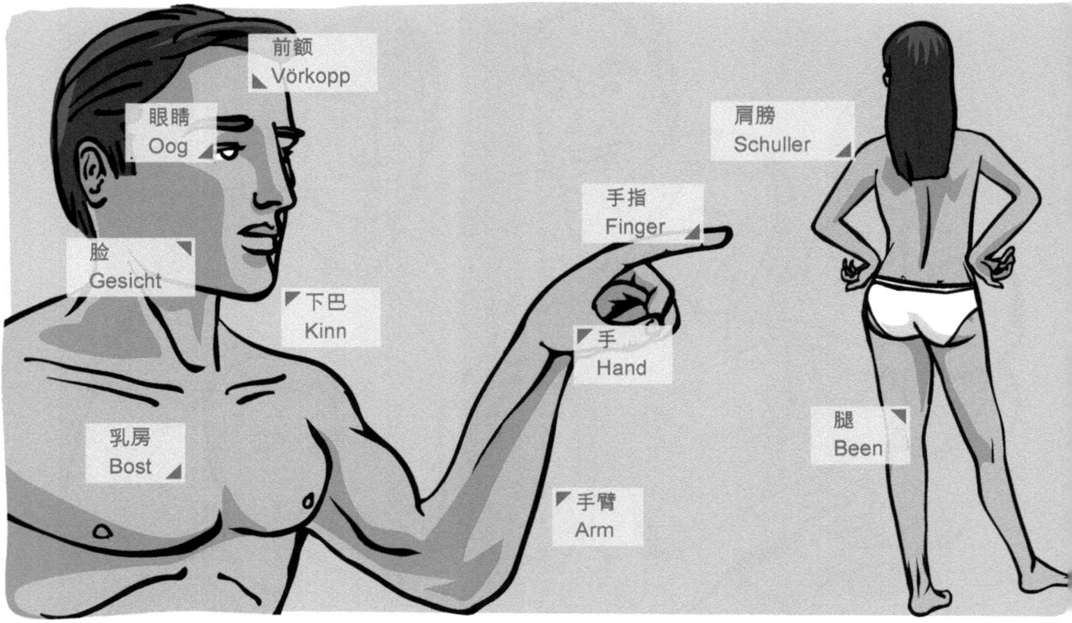

前额
Vörkopp
眼睛
Oog
肩膀
Schuller
手指
Finger
脸
Gesicht
下巴
Kinn
手
Hand
腿
Been
乳房
Bost
手臂
Arm

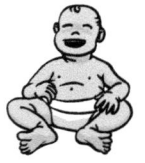

婴童

Winnelkind

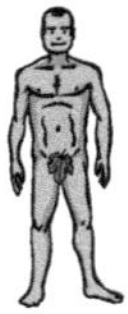

男人

Mann

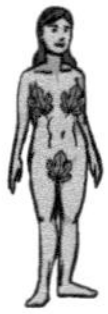

女人

Fro

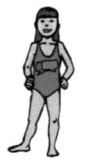

女孩

Deern

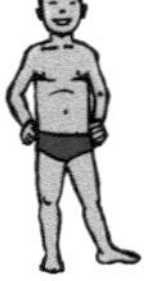

男孩

Jung

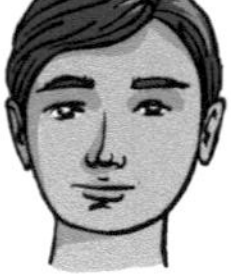

头

Arm

背部

Rüch

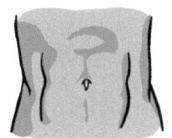

肚子

Buuk

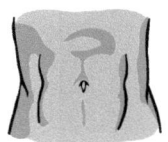

肚脐

Navel

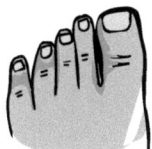

脚趾

Teh

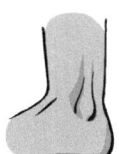

脚后跟

Hack

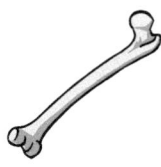

骨头

Knaken

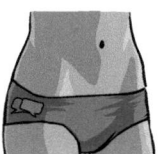

臀部

Hüft

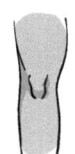

膝盖

Knee

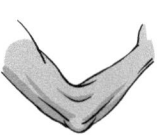

手肘

Ellbagen

鼻子

Nees

屁股

Achtersen

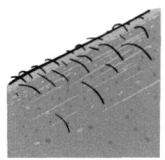

皮肤

Huut

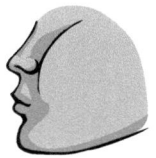

脸颊

Back

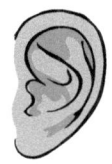

耳朵

Ohr

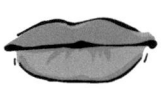

嘴唇

Lipp

嘴

Mund

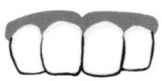

牙齿

Tähn

舌头

Tung

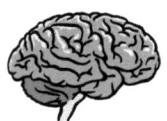

脑

Bregen

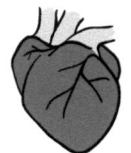

心脏

Hart

肌肉

Muskel

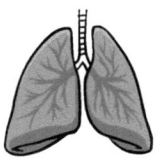

肺

Lung

肝脏

Lever

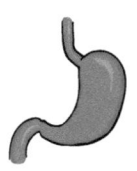

胃

Maag

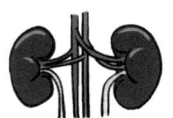

肾脏

Neren

性交

Bislaap

避孕套

Kondoom

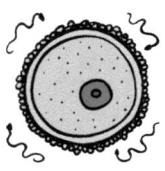

卵子

Eizell

精子

Sperma

怀孕

Anner Ümstänn

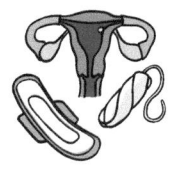

月经

Menstruatschoon

阴道

Scheed

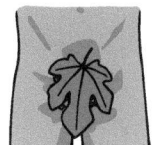

阴茎

Pint

眉毛

Ogenbroe

头发

Hoor

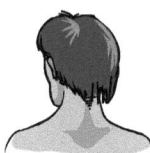

脖子

Hals

医院

Krankenhuus

医院
Krankenhuus

救护车
Krankenwagen

轮椅
Rullstohl

骨折
Bruch

医生
Dokter

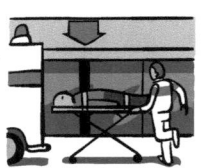

急诊室
Nootopnahm

护士
Krankensüster

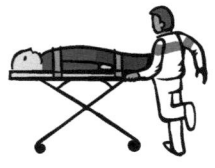

紧急情况
Nootfall

昏迷
ahnmächtig

痛
Wehdaag

受伤

Verwunnen

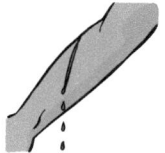

出血

Blöden

心脏病发作

Hartinfarkt

中风

Slaganfall

过敏

Allergie

咳嗽

Hoosten

发烧

Fever

流感

Gripp

腹泻

Dörchfall

头痛

Koppwehdaag

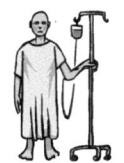

癌症

Kreeft

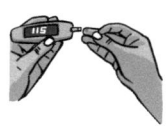

糖尿病

Zuckersüük

外科医生

Chirurg

手术刀

Chirurgsch Mess

手术

Operatschoon

CT

CT

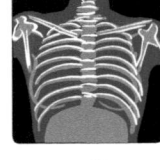

X光

Dörchlüchten

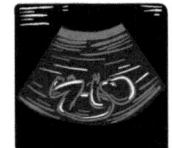

超声波

Ultraschall

口罩

Mask

疾病

Krankheit

候诊室

Töövruum

拐杖

Krück

石膏

Plaaster

绷带

Verband

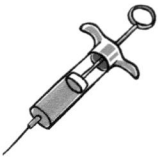

注射

Insprütten

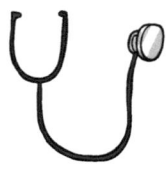

听诊器

Stethoskop

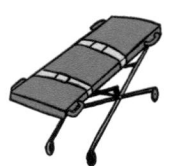

担架

Draag

体温计

Feverthermometer

出生

Geboort

超重

Övergewicht

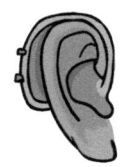

助听器

Höörapparat

消毒液

Kiemfriemiddel

感染

Ansteken

病毒

Virus

艾滋病

HIV / AIDS

药物

Heelmiddel

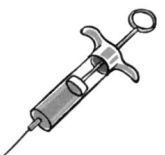

接种疫苗

Impen

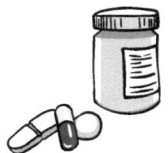

药片

Tabletten

药丸

Pill

急救电话

Nootroop

血压计

Blootdruck-Meter

生病/健康

krank / gesund

救命！

Hölp!

警报

Alarm

突击

Överfall

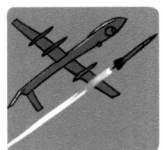

攻击

Angreep

危险

Gefohr

紧急出口

Nootutgang

着火啦！

Füer!

灭火器

Füerlöscher

意外

Unfall

急救箱

Noothölpkoffer

呼救信号

SOS

警察

Polizei

欧洲

Europa

北美洲

Noordamerika

南美洲

Süüdamerika

非洲

Afrika

亚洲

Asien

澳洲

Australien

大西洋

Atlantik

太平洋

Pazifik

印度洋

Indisch Weltmeer

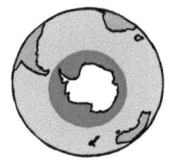

南冰洋

Antarktisch Weltmeer

北冰洋

Arktisch Weltmeer

北极

Noordpol

南极

Süüdpol

南极洲

Antarktis

地球

Eerd

陆地

Land

海

See

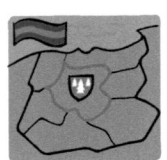

岛

Eiland

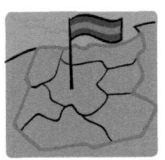

国家

Natschoon

国家

Staat

钟面

Tallenblatt

时针

Stunnenwieser

分针

Minutenwieser

秒针

Sekunnenwieser

现在几点？

Wo laat is dat?

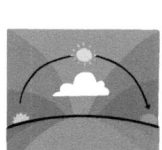

天

Dag

时间

Tiet

现在

nu

电子表

digetaalsch Klock

分

Minuut

时

Stunn

周

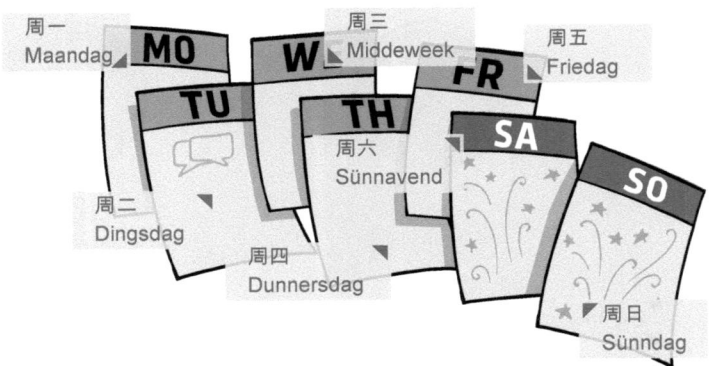

周一 Maandag
周三 Middeweek
周五 Friedag
周二 Dingsdag
周四 Dunnersdag
周六 Sünnavend
周日 Sünndag

昨天

güstern

今天

hüüt

明天

morgen

早晨

Morgen

中午

Meddag

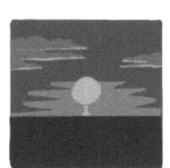

晚上

Avend

工作日

Arbeitsdaag

周末

Wekenenn

年
Johr

雨
Regen
彩虹
Regenbagen
风
Wind
雪
Snee
春
Fröhjohr
秋
Harvst
夏
Sommer
冬
Winter

4.APRIL 11°
5.APRIL 4°
6.APRIL 13°
7.APRIL 8°
8.APRIL 10°

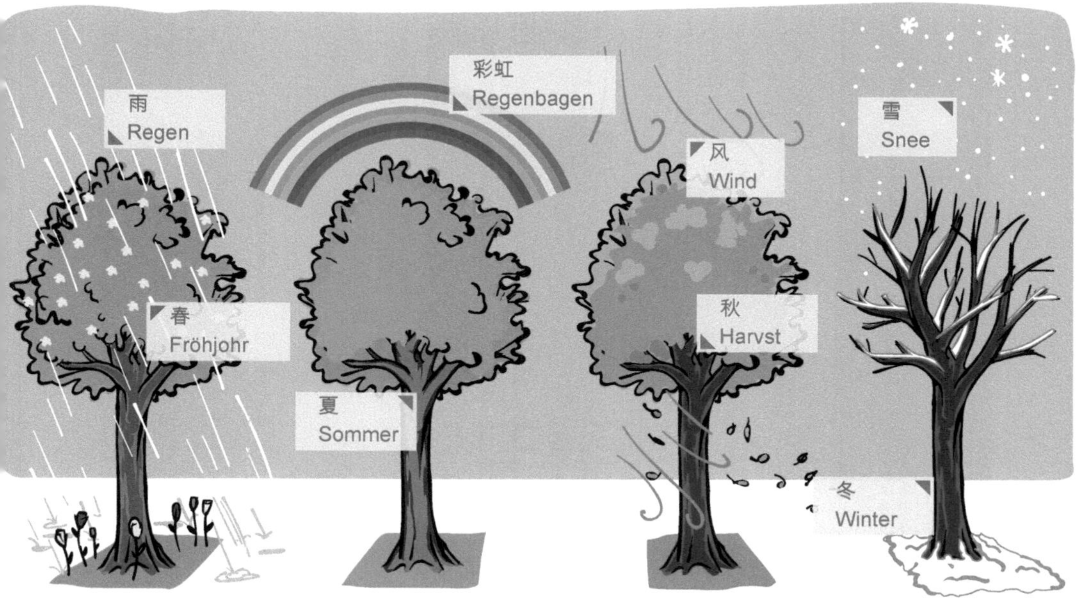

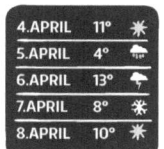

天气预报

Wedervörhersaag

F C
120 40
90 30
60 20
30 10
0 0
-30 -10
-20

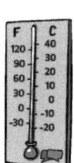

温度计

Thermometer

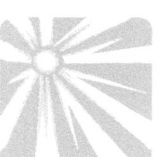

阳光

Sünnenschien

云

Wulk

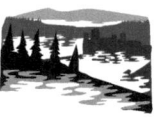

雾

Nevel

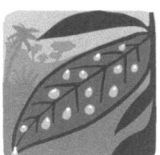

潮湿

Luftfuchtigkeit

闪电

Blitz

打雷

Dunner

风暴

Storm

冰雹

Hagel

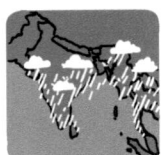

季风

Monsun

洪水

Floot

冰

Ies

一月

Januormaand

二月

Februormaand

三月

Martmaand

四月

Aprilmaand

五月

Maimaand

六月

Junimaand

七月

Julimaand

八月

Augustmaand

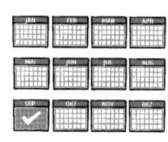

九月

Septembermaand

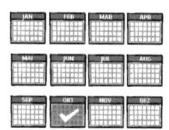

十月

Oktobermaand

十一月

Novembermaand

十二月

Dezembermaand

形状

Formen

圆形

Krink

正方形

Quadrat

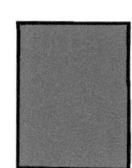

长方形

Rechteck

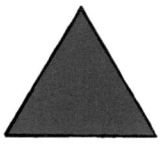

三角形

Dreeeck

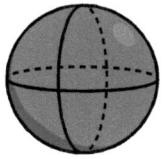

球体

Kugel

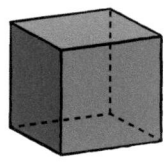

立方体

Wörpel

颜色

Farven

白
....
witt

黄
....
geel

橙
....
orangsch

粉
....
pink

红
....
root

紫
....
lila

蓝
....
blau

绿
....
gröön

棕
....
bruun

灰
....
gries

黑
....
swart

很多/少许

veel / wenig

生气/平静

böös / verdreeglich

美/丑

smuck / mies

首/尾

Begünn / Enn

大/小

groot / lütt

明/暗

hell / düüster

兄弟/姐妹

Broder / Süster

干净/肮脏

schier / schietig

完整/缺失

kumpleet / nich kumpleet

白天/晚上

Dag / Nacht

死/生

doot / lebennig

宽/窄

breet / small

可食用/非食用

geneetbor / nich geneetbor

邪恶/善良

böös / fründlich

兴奋/无聊

fickerig / langwielt

胖/瘦

dick / dünn

第一/最后

toeerst / toletzt

朋友/敌人

Fründ / Fiend

满/空

vull / leddig

硬/软

hart / week

重/轻

swoor / licht

饿/渴

Smacht / Döst

生病/健康

krank / gesund

非法/合法

nich na't Recht / na't Recht

聪明/愚笨

klook / dummerhaftig

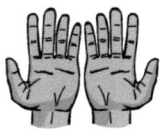

左/右

linkerhand / rechterhand

近/远

neeg / feern

新/旧

nieg / bruukt

没有/有些

nix / wat

老/幼

oolt / jung

开/关

an / ut

打开/合上

apen / slaten

安静/吵闹

lies / luut

富/穷

riek / arm

对/错

richtig / verkehrt

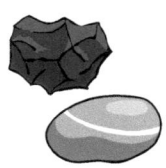

粗糙/光滑

ruug / glatt

伤心/高兴

trurig / glücklich

短/长

kort / lang

慢/快

suutje / flink

湿/干

natt / dröög

温暖/凉爽

warm / köhl

战争/和平

Krieg / Freden

0

零

null

1

一

een

2

二

twee

3

三

dree

4

四

veer

5

五

fief

6

六

söss

7

七

söven

8

八

acht

9

九

negen

10

十

teihn

11

十一

ölven

12
十二
twölf

13
十三
dörteihn

14
十四
veerteihn

15
十五
föffteihn

16
十六
sössteihn

17
十七
söventeihn

18
十八
achtteihn

19
十九
negenteihn

20
二十
twintig

100
百
hunnert

1.000
千
dusend

1.000.000
百万
million

英语

Engelsch

美式英语

Amerikaansch Engelsch

普通话

Chineesch Mandarin

印地语

Hindi

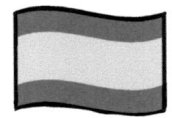

西班牙语

Spaansch

法语

Franzöösch

阿拉伯语

Araabsch

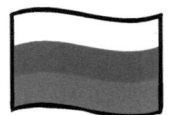

俄语

Rusch

葡萄牙语

Portugiesch

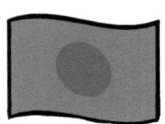

孟加拉语

Bengaalsch

德语

Düütsch

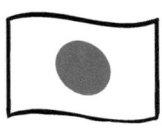

日语

Japaansch

我
ik

你
du

他/她/它
he / se / dat

我们
wi

你们
ji

他们
se

谁？
keen?

什么？
wat?

怎样？
woans?

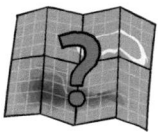

哪里？
woneem?

什么时候？
wannehr?

名字
Naam

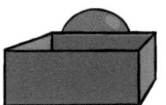

后面

achter

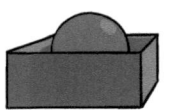

里面

in

前面

vör

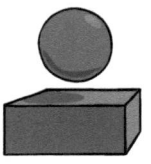

上方

över

上面

op

下面

ünner

旁边

blangen

中间

twüschen

地点

Oort